NAME _____
ADDRESS _____
_____
E-MAIL _____
MESSAGE
_____
_____
_____
_____
_____

NAME _____
ADDRESS _____
_____
E-MAIL _____
MESSAGE
_____
_____
_____
_____
_____

NAME _____
ADDRESS _____
_____
E-MAIL _____
MESSAGE
_____
_____
_____
_____
_____
_____

NAME _____
ADDRESS _____
_____
E-MAIL _____
MESSAGE
_____
_____
_____
_____
_____
_____

NAME
ADDRESS

E-MAIL

MESSAGE

NAME
ADDRESS

E-MAIL

MESSAGE

NAME
ADDRESS

E-MAIL

MESSAGE

NAME
ADDRESS

E-MAIL

MESSAGE

NAME
ADDRESS

E-MAIL

MESSAGE

NAME
ADDRESS

E-MAIL

MESSAGE

NAME

ADDRESS

E-MAIL

MESSAGE

NAME

ADDRESS

E-MAIL

MESSAGE

NAME _____
ADDRESS _____
_____
E-MAIL _____

MESSAGE
_____
_____
_____
_____
_____

NAME _____
ADDRESS _____
_____
E-MAIL _____

MESSAGE
_____
_____
_____
_____
_____

NAME

ADDRESS

E-MAIL

MESSAGE

NAME

ADDRESS

E-MAIL

MESSAGE

NAME
ADDRESS

E-MAIL

MESSAGE

NAME
ADDRESS

E-MAIL

MESSAGE

NAME
ADDRESS

E-MAIL

MESSAGE

NAME
ADDRESS

E-MAIL

MESSAGE

NAME
ADDRESS

E-MAIL

MESSAGE

NAME
ADDRESS

E-MAIL

MESSAGE

Guests

NAME

ADDRESS

E-MAIL

MESSAGE

NAME

ADDRESS

E-MAIL

MESSAGE

NAME
ADDRESS

E-MAIL

MESSAGE

NAME
ADDRESS

E-MAIL

MESSAGE

NAME _____
ADDRESS _____
_____
E-MAIL _____
MESSAGE
_____
_____
_____
_____
_____

NAME _____
ADDRESS _____
_____
E-MAIL _____
MESSAGE
_____
_____
_____
_____
_____

NAME _____
ADDRESS _____
_____
E-MAIL _____
MESSAGE
_____
_____
_____
_____
_____

NAME _____
ADDRESS _____
_____
E-MAIL _____
MESSAGE
_____
_____
_____
_____
_____

NAME

ADDRESS

E-MAIL

MESSAGE

NAME

ADDRESS

E-MAIL

MESSAGE

NAME
ADDRESS

E-MAIL

MESSAGE

NAME
ADDRESS

E-MAIL

MESSAGE

Guests

NAME _____
ADDRESS _____
_____

E-MAIL _____

MESSAGE
_____
_____
_____
_____
_____

NAME _____
ADDRESS _____
_____

E-MAIL _____

MESSAGE
_____
_____
_____
_____
_____

NAME
ADDRESS

E-MAIL

MESSAGE

NAME
ADDRESS

E-MAIL

MESSAGE

NAME
ADDRESS

E-MAIL

MESSAGE

NAME
ADDRESS

E-MAIL

MESSAGE

NAME
ADDRESS

E-MAIL

MESSAGE

NAME
ADDRESS

E-MAIL

MESSAGE

NAME _____
ADDRESS _____
_____
E-MAIL _____

MESSAGE
_____
_____
_____
_____
_____

NAME _____
ADDRESS _____
_____
E-MAIL _____

MESSAGE
_____
_____
_____
_____
_____

NAME

ADDRESS

E-MAIL

MESSAGE

NAME

ADDRESS

E-MAIL

MESSAGE

NAME
ADDRESS

E-MAIL

MESSAGE

NAME
ADDRESS

E-MAIL

MESSAGE

NAME

ADDRESS

E-MAIL

MESSAGE

NAME

ADDRESS

E-MAIL

MESSAGE

NAME _____
ADDRESS _____
_____

E-MAIL _____

MESSAGE
_____
_____
_____
_____
_____

NAME _____
ADDRESS _____
_____

E-MAIL _____

MESSAGE
_____
_____
_____
_____
_____

NAME _____

ADDRESS _____

_____

E-MAIL _____

MESSAGE

_____

_____

_____

_____

_____

NAME _____

ADDRESS _____

_____

E-MAIL _____

MESSAGE

_____

_____

_____

_____

_____

NAME _____

ADDRESS _____

_____

E-MAIL _____

MESSAGE

_____
_____
_____
_____
_____

NAME _____

ADDRESS _____

_____

E-MAIL _____

MESSAGE

_____
_____
_____
_____
_____

NAME
ADDRESS

E-MAIL

MESSAGE

NAME
ADDRESS

E-MAIL

MESSAGE

NAME _____
ADDRESS _____
_____
E-MAIL _____

MESSAGE
_____
_____
_____
_____
_____

NAME _____
ADDRESS _____
_____
E-MAIL _____

MESSAGE
_____
_____
_____
_____
_____

NAME _____
ADDRESS _____
_____
E-MAIL _____
MESSAGE _____
_____
_____
_____
_____
_____

NAME _____
ADDRESS _____
_____
E-MAIL _____
MESSAGE _____
_____
_____
_____
_____
_____

NAME _____
ADDRESS _____
_____
E-MAIL _____

MESSAGE
_____
_____
_____
_____
_____

NAME _____
ADDRESS _____
_____
E-MAIL _____

MESSAGE
_____
_____
_____
_____
_____

NAME
ADDRESS

E-MAIL

MESSAGE

NAME
ADDRESS

E-MAIL

MESSAGE

NAME
ADDRESS

E-MAIL

MESSAGE

NAME
ADDRESS

E-MAIL

MESSAGE

NAME _____
ADDRESS _____
_____
E-MAIL _____

MESSAGE
_____
_____
_____
_____
_____
_____

NAME _____
ADDRESS _____
_____
E-MAIL _____

MESSAGE
_____
_____
_____
_____
_____
_____

NAME

ADDRESS

E-MAIL

MESSAGE

NAME

ADDRESS

E-MAIL

MESSAGE

NAME

ADDRESS

E-MAIL

MESSAGE

NAME

ADDRESS

E-MAIL

MESSAGE

NAME

ADDRESS

E-MAIL

MESSAGE

NAME

ADDRESS

E-MAIL

MESSAGE

NAME _____

ADDRESS _____
_____

E-MAIL _____

MESSAGE
_____
_____
_____
_____
_____

NAME _____

ADDRESS _____
_____

E-MAIL _____

MESSAGE
_____
_____
_____
_____
_____

NAME
ADDRESS

E-MAIL

MESSAGE

NAME
ADDRESS

E-MAIL

MESSAGE

NAME
ADDRESS

E-MAIL

MESSAGE

NAME
ADDRESS

E-MAIL

MESSAGE

NAME _____
ADDRESS _____
_____
E-MAIL _____

MESSAGE
_____
_____
_____
_____
_____

NAME _____
ADDRESS _____
_____
E-MAIL _____

MESSAGE
_____
_____
_____
_____
_____

NAME
ADDRESS

E-MAIL

MESSAGE

NAME
ADDRESS

E-MAIL

MESSAGE

NAME _____
ADDRESS _____
_____
E-MAIL _____

MESSAGE
_____
_____
_____
_____
_____
_____

NAME _____
ADDRESS _____
_____
E-MAIL _____

MESSAGE
_____
_____
_____
_____
_____
_____

NAME
ADDRESS

E-MAIL

MESSAGE

NAME
ADDRESS

E-MAIL

MESSAGE

NAME _____
ADDRESS _____
_____
E-MAIL _____
MESSAGE
_____
_____
_____
_____
_____

NAME _____
ADDRESS _____
_____
E-MAIL _____
MESSAGE
_____
_____
_____
_____
_____

NAME
ADDRESS

E-MAIL

MESSAGE

NAME
ADDRESS

E-MAIL

MESSAGE

Guests

NAME

ADDRESS

E-MAIL

MESSAGE

NAME

ADDRESS

E-MAIL

MESSAGE

NAME

ADDRESS

E-MAIL

MESSAGE

NAME

ADDRESS

E-MAIL

MESSAGE

NAME

ADDRESS

E-MAIL

MESSAGE

NAME

ADDRESS

E-MAIL

MESSAGE

NAME _____
ADDRESS _____
_____

E-MAIL _____

MESSAGE
_____
_____
_____
_____
_____

NAME _____
ADDRESS _____
_____

E-MAIL _____

MESSAGE
_____
_____
_____
_____
_____

NAME

ADDRESS

E-MAIL

MESSAGE

NAME

ADDRESS

E-MAIL

MESSAGE

NAME
ADDRESS

E-MAIL

MESSAGE

NAME
ADDRESS

E-MAIL

MESSAGE

NAME _____
ADDRESS _____
_____

E-MAIL _____

MESSAGE
_____
_____
_____
_____
_____

NAME _____
ADDRESS _____
_____

E-MAIL _____

MESSAGE
_____
_____
_____
_____
_____

NAME
ADDRESS

E-MAIL

MESSAGE

NAME
ADDRESS

E-MAIL

MESSAGE

NAME _____
ADDRESS _____
_____
E-MAIL _____

MESSAGE
_____
_____
_____
_____
_____

NAME _____
ADDRESS _____
_____
E-MAIL _____

MESSAGE
_____
_____
_____
_____
_____

NAME
ADDRESS

E-MAIL

MESSAGE

NAME
ADDRESS

E-MAIL

MESSAGE

NAME _____
ADDRESS _____
_____
E-MAIL _____

MESSAGE
_____
_____
_____
_____
_____

NAME _____
ADDRESS _____
_____
E-MAIL _____

MESSAGE
_____
_____
_____
_____
_____

NAME
ADDRESS

E-MAIL

MESSAGE

NAME
ADDRESS

E-MAIL

MESSAGE

NAME _____
ADDRESS _____
_____

E-MAIL _____

MESSAGE

_____
_____
_____
_____
_____

NAME _____
ADDRESS _____
_____

E-MAIL _____

MESSAGE

_____
_____
_____
_____
_____

NAME _____

ADDRESS _____
_____

E-MAIL _____

MESSAGE

_____
_____
_____
_____
_____

NAME _____

ADDRESS _____
_____

E-MAIL _____

MESSAGE

_____
_____
_____
_____
_____

NAME _____
ADDRESS _____
_____
E-MAIL _____

MESSAGE

_____
_____
_____
_____
_____

NAME _____
ADDRESS _____
_____
E-MAIL _____

MESSAGE

_____
_____
_____
_____
_____

NAME _____
ADDRESS _____
_____

E-MAIL _____

MESSAGE
_____
_____
_____
_____
_____

NAME _____
ADDRESS _____
_____

E-MAIL _____

MESSAGE
_____
_____
_____
_____
_____

NAME _____
ADDRESS _____
_____
E-MAIL _____

MESSAGE

_____
_____
_____
_____
_____

NAME _____
ADDRESS _____
_____
E-MAIL _____

MESSAGE

_____
_____
_____
_____
_____

NAME

ADDRESS

E-MAIL

MESSAGE

NAME

ADDRESS

E-MAIL

MESSAGE

NAME _____
ADDRESS _____
_____
E-MAIL _____

MESSAGE

_____
_____
_____
_____
_____

NAME _____
ADDRESS _____
_____
E-MAIL _____

MESSAGE

_____
_____
_____
_____
_____

NAME
ADDRESS

E-MAIL

MESSAGE

NAME
ADDRESS

E-MAIL

MESSAGE

NAME _____
ADDRESS _____
_____
E-MAIL _____
MESSAGE

_____
_____
_____
_____
_____
_____

NAME _____
ADDRESS _____
_____
E-MAIL _____
MESSAGE

_____
_____
_____
_____
_____
_____

NAME

ADDRESS

E-MAIL

MESSAGE

NAME

ADDRESS

E-MAIL

MESSAGE

NAME _____
ADDRESS _____
_____
E-MAIL _____

MESSAGE

_____
_____
_____
_____
_____

NAME _____
ADDRESS _____
_____
E-MAIL _____

MESSAGE

_____
_____
_____
_____
_____

NAME
ADDRESS

E-MAIL

MESSAGE

NAME
ADDRESS

E-MAIL

MESSAGE

NAME

ADDRESS

E-MAIL

MESSAGE

NAME

ADDRESS

E-MAIL

MESSAGE

NAME _____
ADDRESS _____
_____
E-MAIL _____

MESSAGE

_____
_____
_____
_____
_____

NAME _____
ADDRESS _____
_____
E-MAIL _____

MESSAGE

_____
_____
_____
_____
_____

NAME
ADDRESS

E-MAIL

MESSAGE

NAME
ADDRESS

E-MAIL

MESSAGE

NAME _____
ADDRESS _____
_____

E-MAIL _____

MESSAGE
_____
_____
_____
_____
_____

NAME _____
ADDRESS _____
_____

E-MAIL _____

MESSAGE
_____
_____
_____
_____
_____

NAME

ADDRESS

E-MAIL

MESSAGE

NAME

ADDRESS

E-MAIL

MESSAGE

NAME
ADDRESS

E-MAIL

MESSAGE

NAME
ADDRESS

E-MAIL

MESSAGE

NAME
ADDRESS

E-MAIL

MESSAGE

NAME
ADDRESS

E-MAIL

MESSAGE

NAME _____

ADDRESS _____

_____

E-MAIL _____

MESSAGE

_____

_____

_____

_____

_____

NAME _____

ADDRESS _____

_____

E-MAIL _____

MESSAGE

_____

_____

_____

_____

_____

NAME _____
ADDRESS _____
_____
E-MAIL _____

MESSAGE

_____
_____
_____
_____
_____

NAME _____
ADDRESS _____
_____
E-MAIL _____

MESSAGE

_____
_____
_____
_____
_____

NAME
ADDRESS

E-MAIL

MESSAGE

NAME
ADDRESS

E-MAIL

MESSAGE

NAME _____
ADDRESS _____
_____
E-MAIL _____
MESSAGE
_____
_____
_____
_____
_____

NAME _____
ADDRESS _____
_____
E-MAIL _____
MESSAGE
_____
_____
_____
_____
_____

NAME
ADDRESS

E-MAIL

MESSAGE

NAME
ADDRESS

E-MAIL

MESSAGE

NAME _____
ADDRESS _____
_____
E-MAIL _____

MESSAGE
_____
_____
_____
_____
_____
_____

NAME _____
ADDRESS _____
_____
E-MAIL _____

MESSAGE
_____
_____
_____
_____
_____
_____

NAME
ADDRESS

E-MAIL

MESSAGE

NAME
ADDRESS

E-MAIL

MESSAGE

NAME
ADDRESS

E-MAIL

MESSAGE

NAME
ADDRESS

E-MAIL

MESSAGE

NAME _____
ADDRESS _____
_____

E-MAIL _____

MESSAGE
_____
_____
_____
_____
_____
_____

NAME _____
ADDRESS _____
_____

E-MAIL _____

MESSAGE
_____
_____
_____
_____
_____
_____

NAME _____
ADDRESS _____
_____
E-MAIL _____

MESSAGE
_____
_____
_____
_____
_____

NAME _____
ADDRESS _____
_____
E-MAIL _____

MESSAGE
_____
_____
_____
_____
_____

NAME

ADDRESS

E-MAIL

MESSAGE

NAME

ADDRESS

E-MAIL

MESSAGE

NAME

ADDRESS

E-MAIL

MESSAGE

NAME

ADDRESS

E-MAIL

MESSAGE

NAME
ADDRESS

E-MAIL

MESSAGE

NAME
ADDRESS

E-MAIL

MESSAGE

NAME
ADDRESS

E-MAIL

MESSAGE

NAME
ADDRESS

E-MAIL

MESSAGE

NAME
ADDRESS

E-MAIL

MESSAGE

NAME
ADDRESS

E-MAIL

MESSAGE

NAME _____
ADDRESS _____
_____
E-MAIL _____

MESSAGE

_____
_____
_____
_____
_____

NAME _____
ADDRESS _____
_____
E-MAIL _____

MESSAGE

_____
_____
_____
_____
_____

NAME
ADDRESS

E-MAIL

MESSAGE

NAME
ADDRESS

E-MAIL

MESSAGE

NAME _____
ADDRESS _____
_____
E-MAIL _____
MESSAGE
_____
_____
_____
_____
_____

NAME _____
ADDRESS _____
_____
E-MAIL _____
MESSAGE
_____
_____
_____
_____
_____

NAME _____
ADDRESS _____
_____
E-MAIL _____

MESSAGE
_____
_____
_____
_____
_____

NAME _____
ADDRESS _____
_____
E-MAIL _____

MESSAGE
_____
_____
_____
_____
_____

NAME _____
ADDRESS _____
_____
E-MAIL _____

MESSAGE

_____
_____
_____
_____
_____

NAME _____
ADDRESS _____
_____
E-MAIL _____

MESSAGE

_____
_____
_____
_____
_____

NAME _____
ADDRESS _____
_____
E-MAIL _____
MESSAGE
_____
_____
_____
_____
_____

NAME _____
ADDRESS _____
_____
E-MAIL _____
MESSAGE
_____
_____
_____
_____
_____

NAME

ADDRESS

E-MAIL

MESSAGE

NAME

ADDRESS

E-MAIL

MESSAGE

NAME

ADDRESS

E-MAIL

MESSAGE

NAME

ADDRESS

E-MAIL

MESSAGE

NAME
ADDRESS

E-MAIL

MESSAGE

NAME
ADDRESS

E-MAIL

MESSAGE

NAME
ADDRESS

E-MAIL

MESSAGE

NAME
ADDRESS

E-MAIL

MESSAGE

NAME _____
ADDRESS _____
_____
E-MAIL _____

MESSAGE
_____
_____
_____
_____
_____

NAME _____
ADDRESS _____
_____
E-MAIL _____

MESSAGE
_____
_____
_____
_____
_____

NAME _____
ADDRESS _____
_____
E-MAIL _____

MESSAGE
_____
_____
_____
_____
_____
_____

NAME _____
ADDRESS _____
_____
E-MAIL _____

MESSAGE
_____
_____
_____
_____
_____
_____

NAME _____
ADDRESS _____
_____
E-MAIL _____

MESSAGE
_____
_____
_____
_____

NAME _____
ADDRESS _____
_____
E-MAIL _____

MESSAGE
_____
_____
_____
_____

NAME
ADDRESS

E-MAIL

MESSAGE

NAME
ADDRESS

E-MAIL

MESSAGE

NAME

ADDRESS

E-MAIL

MESSAGE

NAME

ADDRESS

E-MAIL

MESSAGE

NAME _____

ADDRESS _____

_____

E-MAIL _____

MESSAGE

_____
_____
_____
_____
_____
_____

NAME _____

ADDRESS _____

_____

E-MAIL _____

MESSAGE

_____
_____
_____
_____
_____
_____

NAME _____
ADDRESS _____
_____

E-MAIL _____

MESSAGE
_____
_____
_____
_____
_____

NAME _____
ADDRESS _____
_____

E-MAIL _____

MESSAGE
_____
_____
_____
_____
_____

NAME
ADDRESS

E-MAIL

MESSAGE

NAME
ADDRESS

E-MAIL

MESSAGE

Made in the USA
Middletown, DE
17 February 2022